三國志

이희재 삼국지

5

세 번 찾아 공명을 얻다

Humanist

작가의 말

《삼국지》에는 숱한 이야기의 물줄기가 흘러갑니다. 잔잔한 수면 위에 파동이 일기도 하고, 장대비가 내리치며 홍수가 이는가 하면, 거센 파도가 밀려와 평온한 마을을 덮치기도 합니다. 사람과 사람, 세력과 세력이 맞물리고 부딪치며 대륙을 질러가고, 산과 들을 굽이돌아 흐르며 천지를 뒤흔듭니다. 1800여 년 전, 고대 중국에서 구름처럼 일었던 인물들의 이야기입니다.

천지가 요동쳐도 흔들림이 없는 관우, 감정에 충실한 용맹의 사나이 장비, 인의의 뜻을 따르며 어질기 그지없는 유비, 이상을 품고 초막에 누워 있다 유비를 따라나선 풍운의 지략가 제갈공명, 사람을 버리고 얻는 데 실리를 좇으며 천하 제패에 다가서는 조조, 무도한 행동으로 배신의 대명사가 된 여포, 그 밖에도 손권·주유·원소·공손찬·조자룡·태사자·방통·황충·마초·강유·사마의 등등…. 실로 수백수천의 영웅호걸들이 활개를 칩니다. 어떤 이는 힘과 용기로, 또 어떤 이는 머리와 꾀로, 밀고 당기고 치고 빠지며 천하를 종횡합니다.

어렵고 긴 내용을 경쾌하게 만날 수 있다는 것이 만화의 장점입니다. 한 권에 수백 쪽이 넘는 활자책을 이백여 쪽의 시각 조형으로 구성하는 일은 제한된 지면의 절대 공간과 싸우는 일이었습니다. 《삼국지》를 만화로 만드는 과정은 원작의 큰 줄기를 살리고 곁가지들을 솎아 내는 일이기도 하였습니다. 나관중 원작에서 벗어난 부분을 살피고, 중국 민중들 사이에서 입으로 전해지는 에피소드를 일부 보탰습니다.

흔히 《삼국지》를 세상살이를 읽는 책이라고 합니다. 세상을 살아가며 사람 사이의 관계를 헤아리고 자신을 돌아보며 성찰을 이끌어 내는 내용이기 때문일 것입니다. 한 번쯤 읽어야 할 고전이며 한 번쯤 걸어야 할 길이라는 의미이기도 합니다. 《이희재 삼국지》는 아이와 부모가 함께 읽을 수 있는 책으로, 부모들이 먼저 읽고 자녀들에게 권하는 만화입니다. 《삼국지》의 무대 속으로 들어가 시간 여행을 하기 바랍니다.

2016년 7월
이희재

등장인물

유비·관우·장비
조조에게 쫓긴 유비 삼 형제는 유표에게 몸을 맡기고 기회를 엿본다.

서서
유비의 첫 번째 모사. 유비 진영에 합류한 후 큰 활약을 펼치지만 조조의 간계에 빠진다.

제갈량
유비가 세 번이나 찾아 등용한 모사로, 복룡이라 불리는 귀재다.

조자룡
위기에 빠진 유비 일가를 위해 헌신적인 활약을 펼친다.

유표
형주의 세력가. 후계 문제를 놓고 고민한다.

채모
유표의 처남. 유비와 갈등을 일으킨다.

조조
한나라의 승상. 유비·손권 등과 일대 격전을 벌인다.

노숙
동오의 문사. 유비와 손권을 잇는 가교 역할을 하며 조조에 맞서기 위해 힘을 쏟는다.

손권
동오의 맹주. 주유·노숙 등의 도움을 받아 자신의 세력을 키워 나간다.

하후돈과 조인
조조의 맹장들로, 유표에 의탁한 유비를 공격하는 데 앞장선다.

차례

작가의 말   4
등장인물   6

제1장	강물을 박차고 날아오르다	11
제2장	인재를 얻었으나 인연이 아니다	31
제3장	유비가 세 번이나 초가를 찾다	51
제4장	슬기로운 공명과 용맹스러운 두 아우	71
제5장	휘청거리는 형주	95
제6장	백성들, 유비를 따라 야전으로	115
제7장	조자룡이 백만 적진을 뚫고, 장비는 다리 위에서 사자후	137

제8장	**봉황의 지혜를 뭇 새가 어찌 알랴**	163
제9장	**공명의 세 치 혀, 장강에 불을 붙이고**	183
제10장	**적벽에 붙는 불꽃**	199
	■ 연표	219

■ 일러두기
- 이 책에서 말하는 《삼국지》는 진수가 쓴 정사 《삼국지》가 아니라 나관중이 지은 소설 《삼국지연의》를 뜻합니다.
- 《삼국지》에는 유비·조조처럼 성과 이름으로 부르는 경우와, 현덕(유비)·맹덕(조조)처럼 자로 부르는 경우가 뒤섞여 있습니다. 상대방을 이름으로 부르는 것은 자신보다 지위가 낮거나 어린 사람인 경우, 또는 싸움에서 상대를 무시할 때 등이고, 보통은 이름 대신 자를 부르는 것이 관례입니다. 이 책에서는 공명(제갈량)이나 자룡(조운)처럼 자가 널리 알려진 몇몇 인물만 자와 이름을 혼용해 썼고, 그 외 인물 대부분은 혼란을 줄이기 위해 성과 이름으로 표기했습니다.
- 지명은 〈외래어 표기법〉 대신 소설에서 널리 쓰인 관용 표기를 따랐습니다. 예를 들어 洛陽을 뤄양이라 하지 않고 낙양처럼 우리 한자음 읽기를 했습니다.
- 이 책에 실린 지도와 연표는 《삼국지》의 이해를 돕기 위한 것으로 실제 역사와는 차이가 있습니다.

제1장

三國志

강물을 박차고 날아오르다

유비는 그날로 서서를 군사*로 삼고 모든 인마를 조련하도록 했다.

지금까지 의리와 동지애에 의지했던 유비 진영은 서서가 가세하면서 합리적이고 능률적인 규율과 체계를 갖추게 되었다.

• **군사** 책략이나 작전 등을 계획하거나, 군대를 지휘하는 등의 일을 맡은 사람.

제2장 ──────────

三國志

―― **인재**를 얻었으나 **인연**이 아니다

조조는 사촌 아우 조인에게 군사를 내주어
번성에서 형주의 형세를 살피게 했다.

제3장

三國志

유비가 세 번이나 **초가**를 찾다

공명 선생께서 융중으로 돌아오셨답니다.
오, 그래? 당장 찾아가 봬야겠다.

그 촌뜨기한테 갈 것 없이 사람을 보내 불러들이면 되잖수.

천하의 밝은 이를 뵙는 일이다. 어찌 앉아서 부른단 말이냐?
젠장, 밝은지 새까만지 그 속을 어떻게 아우?

공명인지 꽁치인지 불려구 이게 뭐야?

이러다 얼어 죽겠수! 날 풀리면 다시 옵시다.
눈보라를 헤치고 찾아가는 정성이 통할 것이다. 추우면 돌아들 가거라.

춥다뇨. 형님이 쓸데없는 고생을 사서 하시니 하는 말이유.
그럼 여러 소리 말고 따라오기나 해라.

오늘은 선생님께서 계시느냐?
예, 지금 사랑에서 글을 읽고 계십니다.

"형님이 두 번씩이나 찾았건만, 공명은 답례의 편지 한 장 없었습니다."

"그 작자는 이름만 높은 허풍쟁이가 틀림없소."

"천하의 어진 이를 뵙는 일인데, 두 번 헛걸음한 게 뭐 그리 대단하겠느냐."

"만일 이번에 가서 못 뵙게 되면, 몇 번이고 다시 찾을 것이다."

"아직 반 리나 남았는데, 왜 벌써 말에서 내리십니까?"

"예를 갖추어야지."

"갈수록 태산이구나…."

"기어서 가지 않는 게 다행이군!"

• **무골호인** 두루뭉술하여 누구와도 잘 지내는 사람을 일컫는 말.

제4장

三國志

슬기로운 **공명**과
용맹스러운 **두 아우**

공명은 가려 뽑은 3천 장병을 밤낮으로 조련해 몇 달 만에 유비의 군사력을 두 배로 늘려 놓았다.

창칼 다루는 것 하며 군사들의 기세가 보통이 아니오.

병장기 훈련이 끝나면 진법을 가르칠 생각입니다.

어쭈구리, 잔꾀나 굴리는 줄 알았더니 제법이네!

음….

• **대장인** 대장이 지니는 도장. 검과 함께 통솔권을 상징한다.

제5장

三國志

휘청거리는 형주

조조는 50만 대군을 다섯 부대로 나누어 진군했다.

이번에 내가 선봉장이 된 것은 다시없는 기회다!

조인

신야는 물론 번성까지 되찾고 말 테다.

유비의 목은 내가 챙기겠소!

허저

두 번 다시 똑같은 실수를 범하지 않으리라.

그 무렵, 유표는 맏아들 유기에게 형주를 잇게 하려 했지만 뜻을 이루지 못하고 죽었다. 채 부인은 가짜 유서를 만들어 제 아들 유종을 후계자로 내세웠다.

당시 유기는 채 부인의 압박을 받던 중, 제갈량의 조언에 따라 강하로 피신해 있었다.

이제 누님의 아들 유종이 형주를 맡게 되었으니 두 발 쭉 뻗고 자도 되겠군!

눈물을 거두어라. 이제 형주의 주인은 너다. 위엄을 보여야지!

예, 어머니.

유종이 확실한 기반을 다질 때까지는 강하의 유기나 신야의 유비에게 매형의 죽음을 알려선 안 된다.

암요, 그래야죠.

제5장 휘청거리는 형주

완성

제갈량, 그 촌놈이 감히!

유비는 지금 어디에 있느냐?

번성에 있습니다.

내가 직접 가서 놈의 머리를 베겠다.

제6장

三國志

── 백성들, 유비를 따라 야전으로

서서가 돌아와서 유비가 전혀 항복할 뜻이 없음을 알리자,
성난 조조는 그날로 군사를 휘몰아 번성으로 나아갔다.

일단 양양성으로 옮겨 숨을 돌리십시오.

올 것이 왔구나….

나를 따라온 백성들은 어찌하오?

제가 알아서 하겠습니다.

제6장 백성들, 유비를 따라 야전으로

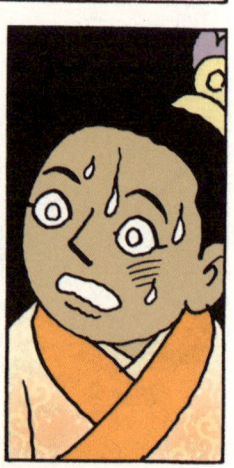

양양성

제6장 백성들, 유비를 따라 야전으로

제7장

三國志

조자룡이 백만 적진을 뚫고,
장비는 다리 위에서 **사자후**

조자룡이 조조의 보검 중 하나인 청강검을 얻은 것은 이때의 일이다.
조조는 의천과 청강이라는 보검 두 자루를 가지고 있었는데, 하나는
자신이 차고 다니고 하나는 부하 장수인 하후은에게 가지고 다니게 했다.
조자룡은 난리 중에 하후은을 죽이고 청강검을 얻었다.

때맞추어 관우가 나타나 위기를 넘긴 유비는 곧 유기와 공명을 만날 수 있었다.

"무사하셔서 다행입니다. 훈련 중이던 배도 모두 끌고 나왔습니다."

"하구에 있는 전함과 병사까지 죄다 모아 왔으니 이제 안심하셔도 됩니다."

유기

"방금 전까지 거지 신세였는데, 지금은 이 많은 전함의 사령관이 되다니…. 허허!"

유비는 강하로 가 조조와의 일전을 준비했다.

제8장

三國志

── 봉황의 지혜를 뭇 새가 어찌 알랴

한편 조조는…
형주의 요충지인 강릉을 점령하고, 민심을 수습하는 등 형주 땅 곳곳을 안정시켜 나갔다.

내친김에 강하로 도망간 유비 놈을 끝장내야 해.

어물거리다 유비가 강동의 손권과 힘을 합쳐 대항해 오기라도 하면 골치 아파진다.

먼저 손권을 정리하십시오.

손권에게 동맹을 권하는 편지를 보내십시오. 함께 유비를 친 다음…

형주를 나눠 가짐과 동시에 영구히 화친하자고 권하는 겁니다.

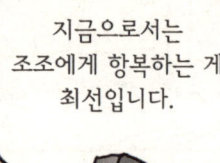

• **관중과 악의** 관중은 훌륭한 재상이었고, 악의는 맹장이었다. 제갈량은 자신이 문무 모두에 뛰어남을 두 사람에 빗대 말한 것이다.

제9장

三國志

공명의 세 치 혀, 장강에 불을 붙이고

손권은 그 자리에서 주유를 동오군 전체 사령관인 대도독으로 임명했다.

주공께서 조조와 결전을 벌이기로 결정하셨소.

바라건대 조조를 깨뜨릴 비책이 있거든 일러 주시구려.

아직 손 장군의 마음이 단단하지 않아 계책을 정하기 어렵소.

그게 무슨 말씀이오?

마음속으로는 조조의 백만 대군을 당하지 못할까 봐 근심하고 계실 겁니다.

도독께서 조조의 군사가 대단치 않음을 알려 주시어, 그분의 걱정부터 풀어 드리십시오.

제10장

三國志

적벽에 붙는 불꽃

너는 백이와 숙제* 형제를 아느냐?

백이와 숙제는 수양산에서 굶어 죽으면서도 끝까지 함께 있었다.

주유가 나를 달래려고 형님을 보냈구나.

그런데 너와 나는 한 몸에서 났으면서도 모시는 주인이 다르니 부끄러운 일이 아니냐?

형님 마음은 잘 알겠습니다.

하지만 형님께서 말씀하시는 것은 사사로운 정이고, 제가 지키고자 하는 것은 의입니다.

• **백이와 숙제** 중국 은나라 말에서 주나라 초기에 살았던 형제로, 두 임금을 섬기지 않은 충의의 인물을 상징한다.

형님이나 저나 한나라 사람이고 유 황숙은 한실의 종친이십니다. 형님께서 저와 함께 유 황숙을 섬긴다면 크게는 한나라를 받들고 작게는 형제가 함께 모이는 일이니 좋은 일이지 않겠습니까?

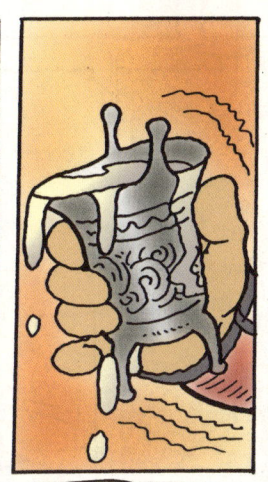

■ 천하삼분지계

이 지도는 삼고초려 당시가 아니라, 위·촉·오 세 세력이 각기 자리를 잡은 220년 무렵의 형세다.

정족지세(鼎足之勢)
솥발처럼 세 세력이 맞서 대립한 형세를 뜻하는 말이다. 정족은 세력의 균등, 견제와 우호 등을 상징한다.

"장군께서 패업을 이루기 위해서는, 북쪽은 천시를 얻은 조조에게 양보하고 남쪽은 지리를 얻은 손권에게 내주어야 합니다. 장군께서는 인의가 있으니 이를 바탕으로 서천을 차지하면 세 세력은 솥발처럼 균형을 이루게 됩니다. 그런 연후에 중원을 도모하시면 천하를 얻을 수 있습니다."

세 번이나 초려를 찾는 정성을 쏟은 유비에게 제갈량은 그 자리에서 바로 천하삼분지계(天下三分之計)를 일러 준다. 천하삼분지계는 당시 유비가 취할 수 있는 유일한 계책이었다고 해도 지나친 말이 아니다. 즉 이 계책은 세 개의 세력이 서로 대립하기도 하고 우호적인 입장을 취하기도 하면서, 어느 한쪽으로 세력이 기울지 않을 수 있도록 상호 견제와 협력의 관계를 형성할 수 있는 최상의 전략이었던 셈이다.

■ 연표

201 유비가 유표에게 의탁하다.
유비가 조조의 공격을 받고 유표에게 의탁한다.

207 유선이 태어나다.
유표의 배려로 작은 고을 신야를 다스리고 있던 유비에게 장자 유선이 태어난다.

유비가 사마휘를 만나다.
유표의 처남 채모는 누나인 채 부인과 작당해 유비를 몰아내려 한다. 유비는 채모의 칼끝을 피해 간신히 도망치고, 신야로 돌아가던 중 사마휘를 만난다. 사마휘는 복룡과 봉추 둘 중 하나만 얻어도 천하를 호령할 수 있을 거라는 말을 남긴다.

유비가 서서를 잃다.
유비의 군사가 된 서서는 여광·여상 부대와 조인의 군대를 연달아 격파한다. 조조가 서서의 뛰어남을 눈여겨보자, 모사 정욱은 서서 모친의 글씨를 흉내 낸 편지를 보내 서서를 유인한다. 효심이 깊은 서서는 유비를 떠나며 제갈량을 천거한다.

삼고초려
유비는 융중에 칩거하고 있는 제갈량을 세 번이나 찾아 새로운 군사로 삼는다. 제갈량은 천하삼분지계를 내며 유비를 주공으로 삼는다. 이로써 사마휘가 말하던 복룡이 마침내 세상에 모습을 드러낸다.

208 손권이 황조를 치다.
손권은 유표의 부하 황조를 쳐서 부친의 원한을 갚는 동시에 강하를 얻는다.

박망파 전투
조조가 하후돈을 신야로 보내지만 제갈량의 계책에 휘말려 실패한다.

조조가 남정에 나서다.
하후돈의 패전 이후 조조는 50만 대군을 일으켜 번성을 공격한다. 유비는 양양으로 피했다가 다시 강릉으로 몸을 옮기는 도중, 문빙의 공격을 받고 전열이 크게 흐트러진 채 패퇴한다.

장판파 싸움
조조군의 추격이 치열해지던 와중, 조자룡은 적진에 갇힌 감 부인을 구한 후 미 부인과 유선을 찾기 위해 고군분투하다 간신히 유선만을 구출해 빠져나온다. 장비는 장판파에서 기지를 발휘해 조조군의 추격을 따돌린다. 이후 유비 일행은 한수에서 관우를 만나 강하로 향한다.

유표가 죽다.
유표가 죽자, 후처인 채 부인이 본처 소생인 장남 유기 대신 자신의 아들 유종을 후계자로 내세운다. 유종은 조조의 공격 때 항복하지만 조조의 지시를 받은 우금에게 죽임을 당한다.

공명이 강동을 부추기다.
조조는 형주의 요충지인 강릉을 차지한 후 손권에게 항복을 강권한다. 손권이 갈등하자, 노숙이 유비와 연합할 것을 제안한다. 제갈량은 조조와의 일전을 망설이는 동오의 문관들을 논파하고 손권과 주유를 격동시켜 조조와 맞서도록 유도한다. 손권은 여전히 반대하는 문관들 앞에서 책상을 베며 전의를 다진다.

장강에 물결이 일다.
주유는 조조와의 일전에 대비해 수군을 훈련시키는 한편, 제갈량의 형 제갈근을 이용해 제갈량을 동오로 끌어들이려 하나 실패한다. 한편 조조가 보낸 항복 권유 문서를 보고 불같이 노한 주유는 조조의 수군에 일격을 가한다. 조조는 자신의 군사들이 경험이 없었기 때문에 졌음을 깨닫고 수전 훈련에 돌입한다.

이희재 삼국지 5 세 번 찾아 공명을 얻다

글 그림 | 이희재
원작 | 나관중
만화 어시스트 | 오현 김성룡(구성), 유병윤 장모춘(데생), 고은미 지혜경(채색)

초판 1쇄 발행일 2016년 10월 20일

발행인 | 김학원
경영인 | 이상용
편집주간 | 김민기 위원석 황서현
기획 | 문성환 박상경 임은선 김보희 최윤영 전두현 최인영 이혜인 이보람
디자인 | 김태형 유주현 최우영 구현석 박인규
마케팅 | 이한주 김창규 정인 함근아
저자 · 독자 서비스 | 조다영 윤경희 이현주(humanist@humanistbooks.com)
스캔 · 출력 | 이희수 com.
조판 | 프린웍스
용지 | 화인페이퍼
인쇄 | 삼조인쇄
제본 | 정성문화사

발행처 | (주)휴머니스트 출판그룹
출판등록 | 제313-2007-000007호(2007년 1월 5일)
주소 | (03190) 서울시 마포구 동교로23길 76(연남동)
전화 | 02-335-4422 팩스 | 02-334-3427
홈페이지 | www.humanistbooks.com

ⓒ 이희재, 2016

ISBN 978-89-5862-152-2 07910
ISBN 978-89-5862-158-4 (세트)

이 도서의 국립중앙도서관 출판예정도서목록(CIP)은 서지정보유통지원시스템 홈페이지(http://seoji.nl.go.kr)와 국가자료공동목록시스템(http://www.nl.go.kr/kolisnet)에서 이용하실 수 있습니다.(CIP제어번호: CIP2016023739)

만든 사람들

기획 | 위원석 (wws2001@humanistbooks.com)
편집 | 고홍준 이영란 이혜인
디자인 | 김태형 최우영 박인규
지도 | 임근선

• 이 책은 저작권법에 따라 보호받는 저작물이므로 무단전재와 무단복제를 금합니다. 이 책의 전부 또는 일부를 이용하려면 반드시 저자와 (주)휴머니스트 출판그룹의 동의를 받아야 합니다.